2019.5 - 2023.4
あおはる♡
BLUE SPRING!!
egg
令和版
5th Anniversary

泣いて笑ってたまに怒って(笑)
楽しくてキラキラな毎日★

eggは家族で学校で大切な居場所、
過ごした日々は宝物そのもの…。

そんなウチらの青春(あおはる)が
ギュッと詰まってマス♡

Vol.01

2019年6月号
『egg2019 令和』

GAL BIKINIII!

●エグモ10名がビキニに浴衣にBBQにと沖縄で大暴れ!? egg伝説の始まり始まり〜!!

ぎゃるぅ〜露出でgoooooooo〜!!

●脚、腹、肩、背中魅せファッション☆ いつだってギャルのアクセは肌!

桃缶―ももⒸに100の質問―

●もも本人もお気に入り企画。完全セルフプロデュースで大満足♡

うち's ヒストリー ―きぃりぷⒸ―

●今明かされるきぃりぷⒸの全て。最高に強めなきぃりぷⒸにも注目!

懐かしいでしかない♡ まさか5年後にはママになってるなんて♡

High TEEN's 恋バナ PRESS

●女の子の大好物♡ 恋愛に関する価値観から下ネタまで切り込んだ恋愛のバイブル!?

放課後制服のススメ

●日本全国のJKに贈る真似したくなる、かわいさたっぷりの制服アレンジ♪

eggモデルオーディション結果発表

●みんな覚えてますか!? ももあⒸはこの激戦を制して晴れてeggモデルになったんデス☆

沖縄楽しかったな〜♪ 全員手探りで作ってる感じも思い返すと新鮮!

///////// **PLAYBACK egg!!**

Vol.02

2019年11月号
『egg2019 AW*Beauty』

HAPPY HALLOWEEN PARTY!!!!!!

●秋のビッグイベントと言えるハロウィンをeggでも開催! …ももⒸは1時間遅刻して来ました! (by担当編集)。ここだけの秘密♡

赤リップ卒業☆ベージュメイク

●みんな一緒って言葉はeggにはナシw いつだって刺激的でカッコ良く!

コスメポーチの中身徹底検証

●ポーチの中の整理整頓状況で性格出る〜! 気になるきぃりぷⒸのポーチは3.1kg!!

うち'sヒストリー ゆうちゃみⒸ

●電撃移籍と共にヒストリー企画に登場。当時、噂の炎上話もここで洗いざらい披露!!

ハロウィン撮影のスタジオ遠かったから仕方ない♡

おやつはなっとう巻―ゆずはⒸに100の質問―

●"うさギャル"ゆずはⒸが本物のうさぎに変身♡ なっとう巻きを食べてるカットは没に…(涙)。

秋の3大テーマはさすががeggだなって! 容赦なさすぎ…エグいてwww

エッグ流秋の3大テーマの楽しみ方

●激辛、鼻フック、風船早割りがegg流の秋の楽しみ方(笑)。モデル全員しっかり楽しんだトカ!?

4

Comment!

強め三姉妹の表紙
egg卒業の時に初の誌面表紙で
大好きな三姉妹でできた事が最高の思い出ですら
一生のたからもの!!!

2020年4月号
『表紙』

PITO

#profile

●1999年11月22日生まれ／23歳
／AB型／さそり座／身長 159cm、
体重47kg／出身地 愛知県／好き
な食べ物:お寿司・嫌いな食べ物:パク
チー／趣味:仕事!!／特技:運動／性
格:真面目／口癖:最高♡♡♡／将来の
夢:海外に短期で移住したり自由に遊
びたい♡／あなたにとってeggとは?
:青春!!!

令和egg
5周年に一言!

egg5周年おめでとうございます！
立ち上げメンバーとして携わらせていただき、
たくさんの青春や貴重な経験をさせてくれた
eggには感謝しかない！大好きな場所♡
これからもずっとegg OG、
そしてファンとして応援してます！

5

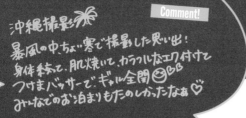

Comment!

沖縄撮影🌴
暴風の中ちょい寒で撮影した思い出！
身体疲れて、肌焼いて、カラついたなエク付けて
つけまバッサーで、ギャル全開🈵 BB
みんなでのお泊まりもたのしかったなぁ♡

オン眉メイク企画
この時のオン眉が好評よすぎて
今でもファンのチに オン眉要求してもらえます♡笑
いつかまたしようかなぁ…。。

2019年11月号
『赤リップ卒業☆ベージュメイク』

8

Comment!

桃奈との甘辛コンビ
桃々とこの写真を見ながら「なっかしいね〜」って!
今ではプライベートで仲いいので振り返ってしみじみした☺
たぶん人生で最初で最後であろうブレイズヘアーも
なかなかのパンチでいい思い出!♡

2019年6月号
『High TEEN's 恋バナ PRESS』

Comment!

ぴとぺいCP♡
結婚をして子供ができた今、見返すと
ラブラブバカップルだったなぁ〜と(笑)
なつかしすぎる。(今でもラブラブ絶好調中...♡笑)

10

Comment!

ヘア企画
このメイク.ヘアー.ネイル.服装.
肌色になることは
もう二度ないだろうな…(笑)
若くて盛れててお気に入り♡♡♡

Comment!

ぴとあや卒業!!!
やっぱり最後はぴとあやショット🜚
相棒と一緒に卒業できたことは最高の思い出!!!
中でも特攻服の写真がeggぽくて好き!
あーちゃん大好き♡♡♡

2020年4月号
『ぴと◎&あやかてぃーん◎
エッグ卒業☆』

MY HISTORY

移り変わり
全部見せ!

#FASHION
ファッション

2020年4月号

みんなの
青春
感じて♡

LOVEegg

2019年6月号　　2019年11月号

2020年4月号

PITO VOICE
●eggで過ごせたおかげで明るくフランクになった♡ 本当に楽しくて大好きな場所だったから、過去写真をセレクトしてたら懐かしすぎて1日でもいいから戻ってみたいなって思っちゃった♡

LOVEegg

#MAKE
メイク

2020年4月号

全部
大事な
思い出
たち☆

2019年11月号

Comment!

ぴとあや 卒業

ぴとあやでeggを卒業してnutsになる時の！
この頃は毎日ぴととあそびまくってた！
卒業号は全て2日酔いでした☺

「あやか」

AYAKA

#profile
●1999年8月21日生まれ／23歳
／A型／しし座／身長 161cm、体
重48kg／出身地 埼玉県／好きな食
べ物:ヤングコーン、ビール♡・嫌いな
食べ物:カスタード／趣味:料理、お酒
♡／特技:料理、バラバラ／性格:天性
パリピ／口癖:逆にね？／将来の夢:
地元"大宮"で小料理屋を開く!／あな
たにとってeggとは?:家族

令和egg
5周年に一言!

一生ギャル宣言!!

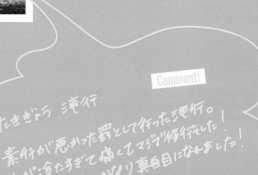

Comment!

たきぎょう 滝行
素行が悪かった罰として行った滝行。
水が冷たすぎて痛くてマジで修行でした!
でも終わったあとかなり真面目になりました!

Comment!

卒業表紙
最後に強めの3姉妹で
eggギャルらしい表紙ができて
最高のフィナーレでした♡

2019年11月号
『HAPPY HALLOWEEN PARTY!!!!!!』

2019年11月号
『イマドキ、愛メイクは使い分け』

2020年4月号
『痛快egg学園』

Comment!

ビーチフラッグ
egg復刊号の沖縄旅行!!
絶対負けない気持ちを胸に
命をかけたビーチフラッグ!

2019年6月号
『GAL BIKINI!!!』

MY HISTORY

移り変わり
全部見せ!

#FASHION
ファッション

2020年4月号

2019年6月号

若かった
なぁ〜
黒いなぁ〜
楽しかった!

2020年4月号

2019年11月号

#MAKE
メイク

変わって
ないっていつもり
だったけど
落ち着いた!?

AYAKA VOICE
●eggで何か変わったかと言うと…ナイな! もともとあやは何でもオープンスタイルだしね(笑)! 毎回自由気ままにやらせてもらいました〜 Thank you♡

2020年4月号

Comment!

卒業ピン表紙
ずっと夢だった雑誌の「ピン表紙」
この日のために45kgまで落して
大好きな渋谷で最高な表紙になりました♡
夢が叶った時♡

MO

#profile

●2000年12月16日生まれ／22歳
／A型／いて座／身長164cm、体重
48kg／出身地 静岡県／好きな食べ物:
チーズ、生肉、かまぼこ・嫌いな食べ物:
揚げ物／趣味:アニメ鑑賞、料理、お酒♡
／特技:楽しくお酒を飲むこと♡／性格:
はっきりしてる／口癖:え〜そんなことな
いよ〜♡／将来の夢:海外でゆっくり暮ら
す／あなたにとってeggとは?:居場所

**令和egg
5周年に一言!**

egg5周年おめでとうございます☆
立ち上げメンバーとしてみんなで作り上げてきた
eggがこんなに大きくなって色んなギャルが
憧れる存在の雑誌になって嬉しい!
これからもずっとeggが続きますように♡
応援してます♡egg大好き〜♡

Comment!

#全部雪のせいだ
スノーツアーの写真📸
RTバトルで1位をとれて雑誌でもまるまる
1ページ GET ♡ ファンのみんなととれた1ページ
とても思い出の1枚です…♡

2020年4月号
『egg SNOW PANIC!!!!』

Comment!

メイク きかく
盛れたメイクページの1枚 ♡
やっとメイクが安定してきて雑誌さつえい
のためにやせたから いい感じにとれました ♡

2022年5月号
『2022春GAL★Daily MAKE &
仕上げコスメ+春デビュー激変Hair』

Comment!

ピンきかく
ウラ話を話すと… 私が用意した服が
場所に合ってなくて あいみの服を貸してもらったの w
19才で内面も少しおっ大人になりかけてる時 ♡

Comment!

桃缶 ピンきかく.

この号は egg 復活して初めての雑誌！
表紙 & ピンきかくもやらせていただきました♡
今見たらめっちゃ太ってるw けどめちゃめちゃ思い出の
ページです♡

2019年6月号
『桃缶ーもも©に100の質問ー』

24

egg組

Comment!

オセロコンビ　表紙

egg 雑誌復活 1回目の表紙を
オセロコンビでやらせていただきました♡ 雑誌の表紙に
まさか自分がなれるなんて思いもしなくて本当に本当に
うれしかったし、雑誌が本屋に並んでるの見てめちゃくちゃ
感動したな...♡

Comment!

宮古島
フォトカレンダーの人気上位メンバーが行けた
宮古島♡ 20にもなったからお酒ものみながらの
旅行は楽しすぎた。
ファンのみんなととれた、宮古島ページと旅行でした♡

メイクページ

Comment!

お気入りの メイクページ♡
いつも egg では白ぎゃるでせってギャル 寄りだけど
夏で いいかんじに 日焼けしてて ヘルシーにとれた♡

♥FASHION
ファッション

LOVEggg

2020年9月号

ブランド
プロデュース
してます
から♡

2019年6月号

2019年6月号

ダイエット
頑張って
よかった!

2020年4月号

2019年11月号

2020年4月号

2021年4月号

MY HISTORY

移り変わり
全部見せ!

♥MAKE
メイク

LOVEggg

2020年4月号

2021年9月号

顔が
パンパン
すぎるww

2021年4月号

こんな昔の
写真
使われる
なんてww!

2022年5月号

2019年11月号

LOVEggg

MOMO VOICE
●外見はやせた! 洋服の系統
はキレイ目? セレブ風? が好
きなのは変わってないかな。
メイクは上手くなったでしょ♡
モデルなりたての時は雑だっ
たもん。内面は…大人になりま
した(笑)。

ファッションページ
Comment!
開いてすぐ大きくのってて うれしかった♡
e99のファッションページはいつも服がかわいくて
同じの 買ってたきおくある(笑)

「なぎ」
NAGI

#profile

●2002年2月20日生まれ／21歳
／A型／うお座／身長 157cm、体
重44kg／出身地 東京都／好きな食
べ物:お寿司、コーン・嫌いな食べ物:
にんじん／趣味:犬と遊ぶ、マリオカー
ト／特技:何だろう♡／性格:マイペー
ス／口癖:それな、しぬ／将来の夢:
結婚してママになること♡／あなた
にとってeggとは？:ザ・青春♡

令和egg
5周年に一言!

egg初期からもう5年も経つなんて
早すぎる! これからもGAL全開の
egg楽しみにしてる♡ egg大好きー!!

29

Comment!

同じファッションページの こっちは大人めって感じ
このさえいめちゃ盛れてた！ やせ始めてたからかな（笑）

最後のスノボーツアー——
めちゃくちゃ思い出あるな～
eggツアーは本当に毎回たのしかった♡また行きたぃ♡

Comment!

2022年5月号
『egg真冬のスノボツアー』

Comment!

eggのみんなでハワイアンズさつえい☆
さつえいおわった後みんなでビショビショになってあそんだ
さつえいおわったりみんな全力でいつもあそぶから それが
楽しみだったなー♪

2021年9月号
『夏→秋★MAKE&HAI』

♥FASHION
ファッション

LOVEegg

2019年6月号

伝説のなぎポーズ☆ww

2019年6月号

2021年4月号

シンプルコーデが得意!

2022年5月号

MY HISTORY

移り変わり全部見せ!

♥MAKE
メイク

LOVEegg

2020年4月号

2022年5月号

この本はアルバムだね♪

2021年4月号

2019年6月号

あどけなさすぎて気まずっ!

2021年9月号

NAGI VOICE
●外見はやせた!洋服の系統はキレイ目?セレブ風?が好きなのは変わってないかな。メイクは上手くなったでしょ♡モデルなりたての時は雑だったもん。内面は・・大人になりました(笑)。

2020年4月号
『egg2020 FUN TO DREAM★』

GARRRRL'S RENAISSANCE

●楽すぃ〜♪から始まる可能性って∞ちゃん★ を合言葉にギャルの聖地、渋谷をエグモがジャック!

GAL'S NEW MAKE

●エグモのカワイイの秘訣は自分の「好き」をわかっているから! エグモたちの好きにクローズアップ☆

ぴとⓒ&あやかてぃーんⓒエッグ卒業☆

●早くも初期メン2人が卒業(涙)! 出会いがあれば別れもある。これはさよならじゃない♪

うち'sヒストリー聖菜ⓒ

●現役JKママとして有名な聖菜ⓒの妊娠発覚から出産までのヒストリーに迫る!

ハチャメチャ魂ーまぁみⓒに100の質問ー

●令和時代に網×網ファッションを着こなせるのはまぁみⓒだけ♡

きぃりぷⓒのコトもっと教えてぇ〜!

●きぃりぷⓒが育まれた地元、茨城県までひとっ飛び〜。きぃりぷⓒのバックボーンに刮目せよ!

罰ゲームのスク水姿…使われないわけないと思ったけど勘弁して!

egg SNOW PANIC!!!!

●モデル全員強制参加のスノボツアー。夏は海、冬は雪! となんとなくこの頃からお決まりに(笑)。貴重なびとⓒの罰ゲーム姿…神々しいです☆

PLAYBACK egg!!

2020年9月号
『egg2020 Go On Summer』

GYAU*GAL BIKINI♡

●夏といえばビキニ! ってことで千葉県の海にGO! 強風の中みんなよく耐えて頑張った(笑)!

"夏リゾ" BEAUTY

●せっかくの夏休みだからこそ挑戦できるモデル直伝映え派手メイク☆

COLOR OF MOMO

●待ってました! ももⓒソログラビア! 復刊から2年の時を経て大人っぽくなった自分色で魅了♡

いきなりピン企画やったー! もっと欲を言えば痩せて出たかった(笑)!

新鮮さって大事だから毎号メイク変えてるんだけど気がついた!?

COLOR OF KIREI

●好きな言葉である「型にはまらない!」をモットーに生きるきぃりぷⓒ。彼女が魅せるカラーは何色…♪

うち'sヒストリーあいめろⓒ

●ピンクヘアーがトレードマークのあいめろⓒ誕生の奇跡!? 軌跡です(笑)。

とうしんだいーももあⓒに100の質問ー

●天真爛漫って言葉がぴったりなももあⓒ。生まれ変わっても自分になりたい♡ さすが!

egg学園 THE MOUNTAIN

●夏は海一択かと思いきや今年は山でした〜! それも全て編集長の気分次第でトカトカ(笑)♪

PLAYBACK egg!!

Vol.05

2021年4月号
『egg2021 Connect to PEP』

PEP! PEPER! PEPPYYYY!!
はちゃめちゃTOUR♫

●めっちゃ遠出はできないけど、みんなでハッチャけるなら映えれて絶叫もできる富士急に制服で行ってきたよ!

GALの春色メイクはあざと可愛いい♥. 使い分け!!

●女は色んな顔を持ってるモノ。SEXYに、SWEETに、SWANKYに場所と場面で使い分け♡

うち's ヒストリー ももあ©

●100質に引き続きソロ企画に抜擢! ノリに乗ってるももあ©大躍進!

制服で富士急上がった〜♀ しかもみんなJK卒業してるところがツボ!

聖菜、100質盛れてた!? 盛れてたなら…まぁいっか♡

晴れのち雨、そしてまた晴れ〜●
ー聖菜©に100の質問ー

●ぱっと見は絶対ママに見えないギャルママモデルこと聖菜©。この時太ってた〜(泣)! と美意識高すぎな一面も。

egg "グル研" ☆
巣篭もりグルメ

●巣ごもりの暇つぶしにしちゃ笑えない(笑)。エグモが腕によりをかけたはずがメンモが巻き添えに(合唱)。

ギャルママ集合☆
いっぱいお話し〜ましょ!

●ギャルママたちの井戸端会議はちょっぴり刺激的!? でもママ達のH事情とか気になる!

egg学園 阿鼻叫喚!
雪山合宿!! Ski. Tour2021

●2回目の開催となる雪山ツアー。参加メンバーも19人とパワーアップで楽しさも倍増&今回も大暴れ!?

PLAYBACK egg!!

Vol.06

2021年9月号
『egg2021 *Summer&Autumn』

GAL'S BIKINI SUMMER!!!
2021*Special SNAP♡

●夏はやっぱりビキニで大騒ぎしたい! だって2021年サマーは1度きりだから〜常夏ハワイアンズに行ってきました!

結婚おめでとう 赤荻編集長♡

●行使混同上等卍! 編集長、自ら結婚式掲載しちゃうのってeggぐらい(笑)!!

夏→秋★MAKE&HAIR

●季節によってメイクは変えるもの! アプリに負けないノーマルカメラで盛る夏、秋メイク特集。

うち'sヒストリーえりぴ©

●やんちゃギャル あやかてぃーんイズムを引き継ぐ(色んな意味でw) えりぴ改めerikaが登場☆

ハワイ(アンズ)に海にeggは色んなトコロ連れてってくれる♡ 体は張るけどww

令和版 ぽっちゃリーズ★

●女子プロレス団体"東京女子プロレス"さんのトレーニングに参戦! いつだってガチっす!

RISERI TIME ーりせり©に100の質問ー

●ゆうちゃみ©と並ぶ関西ギャル代表、2023年6月号で卒業を発表したりせり©の100質♪

茨城魂★いばらき [三姉妹がゆく!!]ぶらり旅

●イケイケ2トップきぃりぷ©&まぁみ©の地元バラキ(笑)の魅力をたっぷりお届け☆

egg学園 ★夏合宿ツアー

●恒例! eggのホームグラウンドである海に青春友情爆食ツアー。ビーチよりBBQが楽しかったとの声多数(笑)!

メイク企画試髪時代を
爆盛れしたし こンメイクがこン時は
お気に入りオすぎて こンページ大好き(笑)
上下つけまんラメラメメイク本当に
めちゃくちゃ盛れるからオススメダョ♡

「あいみ」
AIMI

#profile

●2001年7月16日生まれ／21歳
／O型／かに座／身長154cm、体
重43kg／出身地 神奈川県／好き
な食べ物:カレー・嫌いな食べ物:野
菜／趣味:料理／特技:料理／性格:
ツンツンしてる／口癖:逆にね?／
将来の夢:ブランドのディレクター(モ
デルは卒業して)／あなたにとって
eggとは?:青春!!!

令和egg
5周年に一言!

5周年おめでとうございます☆
あいみにとってeggは「ファミリー」
「大切な宝物」なのでこれからも
eggをよろしくお願いしまーす!!

39

ビキニページ！！！
たぶんこれeggやってきた中で
1番盛れたページかも？！
この時筋トレもしてて体もいい感じ！
ブルーのビキニもお気に入り♡

2021年9月号
『GAL'S BIKINI SUMMER!!! 2021*Special SNAP♡』

40

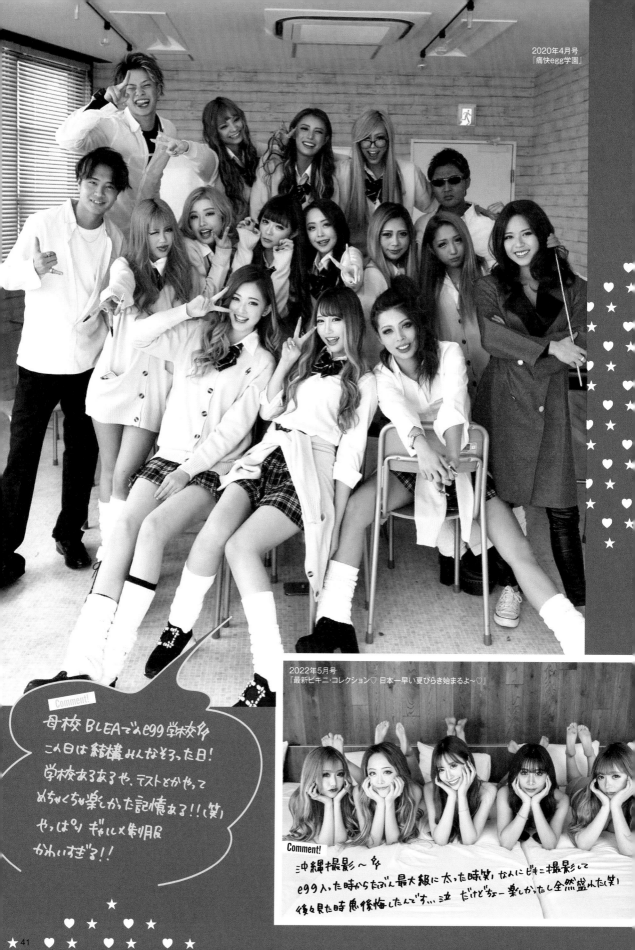

2020年4月号
『痛快egg学園』

2022年5月号
『最新ビキニ・コレクション♡ 日本一早い夏びらき始まるよ〜♡』

Comment!

母校 BLEAでんegg学校校舎
この日は結構みんなそろった日!
学校あるあるや、テストとかやって
めちゃくちゃ楽しかった記憶ある!!(笑)
やっぱりギャル×制服
かわいすぎる!!

Comment!

沖縄撮影〜冬
egg入った時からたぶん最大級に太った時笑、なんにビキニ撮影で
後々見た時思い後悔したんです...泣 だけどちょー楽しかったし全然盛れた笑!

Comment!
これはメイク企画！！
まだギャル研究してる途中だから
ギャルギャルだけど鬼盛れしたページ敗
まだ若いな〜汗汗

2019年11月号
「赤リップ卒業♡ベージュメイク」

42

Comment!

最後へ号のファッションページ！！
こん日はなぜか顔面へ調子が良く
いい感じになったページ！！
いつもファッションページはなぜか
盛れてる笑！最高一名☆

2022年5月号
「もも、あいみ、なぎegg卒業オメーッ★」

Comment!

卒業証書(泣)
ラホーこんで「最後なんかし…
ってずっと思いながら撮影してたね。
でも編集長がスウェットなんか
面白かった(笑)まじ卒業したくなった。
そして同期だったからバカさないたんが
ボーと志れられません。

卒業証書
あなたが卒業を迎えることを
どても嬉しく思います。
これからの新しい生活も
応援しています。
ご卒業おめでとうございます。
令和四年 月 日
(発)編集長
赤荻瞳 egg
高澤凪

卒業証書
あなたが卒業を迎えることを
どても嬉しく思います。
これからの新しい生活も
応援しています。
ご卒業おめでとうございます。
令和四年 月 日
(発)編集長
赤荻瞳 egg
伊藤桃々

卒業証書
あなたが卒業を迎えることを
どても嬉しく思います。
これからの新しい生活も
応援しています。
ご卒業おめでとうございます。
令和四年 月 日
(発)編集長
赤荻瞳 egg
松葉愛海

卒業ページ撮影!!
この時のウラ話しがあって
あいみは卒業ページだと知らなくて
朝まで爆飲みして若干深睡んでて失敗
だけどなぜかいい感じかも!!
これはカメラマンさんのおかげです。

Comment!

45

#♥FASHION

ファッション

2020年4月号

ブレて
ないって
ことで!

2019年6月号

デニム率
高すぎww

2020年9月号

2019年6月号

2019年11月号

2021年4月号

2022年5月号

MY HISTORY

2019年11月号

#♥MAKE

メイク

2020年4月号

2022年5月号

あいみ撮影
ではあんまり
笑わない
よね★

思い出が
よみがえ
る〜☆

2020年9月号

2021年4月号

AIMI VOICE
●変わってないと思われがち
だけど自分ではかなり変わった
と思う。eggの活動を通して
前よりポジティブになったし、
精神強くないとやってられない
(笑)! そこにも感謝。「うちらが
1番カワイイ」しか思えない最
高なフォトブックになりました♡

Comment!

1番お気に入りのカット♡
初しべルで前がみをあげたけど
鬼盛れでうれしかった⊡
ワッフルヘアも高評でうれしい♡

「まぁみ」
MAAMI

#profile

●2001年7月9日生まれ／21歳／A型／かに座／身長 155cm、体重44kg／出身地 茨城県／好きな食べ物:そぼろ、いちご、スンドゥブ・嫌いな食べ物:ゴーヤ／趣味:アニメ鑑賞／特技:探してる♡／性格:活発／口癖:やせなきゃ…！／将来の夢:お金持ち〜♡／あなたにとってeggとは？:学校♡ まさにアオハル♡

令和egg
5周年に一言!

ギャルは一生カワイイ♡
もっとギャルを広めよう!!

2023年6月号
「卒業オメ★
egg models graduation!!!

47

Comment!

初めての息子っちと撮影💕♡
産後すぐでお'デブ'期だったっ🎗
でも、息子っちと一緒で
ずーっとデレデレしてたのは秘密 ☺️

2022年5月号
『聖菜×まぁみママってどう!?』

48

Comment!

ヘアアクセサリーが流行ってたから
とりあえずめっちゃ蝶々つけてみた！！
撮影ならありだけど普通に
気づいたら何匹もいなくなってる笑

2023年6月号
「COLOR Make&Hair」

Comment!

この日は海辺でとったけど風が強すぎて
皆ずっと盛れなくて不機嫌だった(笑)
最終的にみんなかわいくてちょーかわいい
表紙になってた♡頼むからヘアメさんいてくれ...♡く

2020年9月号
『表紙』

50

Comment!

この時、衣装もヘアメも自前なの♡
花冠が1番高くてジワるww
きれいにサプライズでおそろいの
かぶせてみたけどかなり笑顔
引きっってた(笑)

2020年4月号
「ヘチャメチャ魂
ーまぁみⒸに100の質問ー」

#FASHION

ファッション

ポーズの癖が強いww

2023年1月号

オレンジは前から好き〜☆

2020年4月号

2020年9月号

2023年6月号

2021年4月号

2022年5月号

2019年6月号

2019年11月号

2019年6月号

移り変わり全部見せ!

MY HISTORY

2022年5月号

2023年1月号

#MAKE

メイク

過去の方が大人っぽい!?

2021年4月号

2020年4月号

2020年9月号

前髪は絶対だった☆

2019年6月号

2019年11月号

MAAMI VOICE

● 見ての通りギャルに磨きがかかった! 好きな格好を極めていったらここまで行き着いたただけなんだけどね! だから何事もやり切るって大事、もうなんの未練もないもん(笑)。大満足!!

Comment!

1発目は、e99雑誌化
1号目のオフショだョ♡″
一生に一度の日でメイク2時間以上かかった♪
初めての雑誌で表紙だから、気合いヤバイよ(笑)
今のギャル・ウチらなめんな的なオーラと
インパクトが物語ってる♡″
自分が96肌すぎて笑った!!コギャル感イケッ♢
表紙さつえいは、10分くらいだったの早すぎ(笑)

「きぃぃりぽ」
KIRIPU

#profile

●2001年8月7日生まれ／21歳／A型／しし座／身長 153cm、体重 40kg／出身地 茨城県／好きな食べ物:脂っこくない物／嫌いな食べ物:脂っこいくどいの、ヒカリもの／趣味:買い物／特技:メイク、書道、動物関係、自己プロデュース／性格:まんま／口癖:まじ?／将来の夢:カリスマになってカリスマを産む立場まで上がるっしょ!／あなたにとってeggとは?:一生物

令和egg
5周年に一言!

eggが5年生になりました。
早すぎムリ…! この5年間は
歴史になり伝説が詰まってる☆
これからもウチがいる間は
eggを! トップを!守りぬくから、
これからもよろしくお願いします!!

Comment!

egg初のうぢsは、ワ.タ.ツ ♡
この日バニカ盛れたの♡
カメラマンとも楽しくてユニでだいぶ仲良くなった
☆めっちゃ光が味方☆
衣装もヘアーも2パターンコだわりました♪
二面性があって見に入ってる最高な作品作れた
自分の人生を語ってるから私らしい表情も注目してネ

Comment!

キタキター‼ どこの国の子？(笑)

ギャル度レベルアップしすぎてホントスゲ‼
でもこのくらいギャルしててホント良かったなーて思う。

毎回メイクも服もヘアーもこだわりまくりで大変(笑)
この時のヘアーは、ヘアメいらずで楽すぎた♡

2019年11月号
『表紙』

Comment!

私といったらショートだったからセレクトしたんだけど…
服しぬ(笑) すごいんだから(笑)
この日 私もカメラマンもノリノリで色んなポーズでとった♡
みんなは、私のショート好きな人またおるん？
どんなが好きか教えてね♡

2020年9月号
『COLOR OF KIREI』

58

Comment!

ちゃおりぷシリーズ チラ見せ♡
この日ハードすぎて顔ヤバイ
でもふたりで表紙と下妻物語り目指してたから
ホントゃれてうれしすぎた♡
みんなのおかげだよ♂ 大イムワロタ
10代最後の号だから思い出ぶかいの♡

Comment!

あら♡
大トめメイクでイメージチェンジ♡
ぜんぜんなかったイメージで
みんなをおどろかせた(笑)
ホント変化すごくて
キューティーハニーだと思ってた。
どんなメイクでも好きでいてね??♡

2022年5月号
『FASHION PARTY 2022 SPRING』

Comment!

雑誌で初ピン表紙〜☆♡♡♡
ホント感激した。
こだわりつくしたくて色んな思い出ぶかい...。
何も妥協しなかった。
表紙イメージやら衣装・背景のファーも全部
手がけさせていただきました♡感謝すぎ。
eggモデル現役で卒業じゃないモデルがピン表紙初なの。
だから余計うれしすぎた。

2023年1月号
『表紙』

60

最後は最近の♡
も～今まであきらめないよ♡とか色々考えて
毎回メイク変えたりホント全部ちがうの♡
全てみんなのためだよ♡
一冊一冊が唯一無二なのよね♡

2023年6月号
『COLOR Make&Hair』

♥FASHION

ファッション

気分だから
また弾ける
かも♪

色で目立つか
柄で目立つか!

2021年4月号

2020年4月号

2020年9月号

2022年5月号

2023年6月号

2019年11月号

2020年4月号

2019年6月号

MY HISTORY

移り変わり
全部見せ!

♥MAKE

メイク

2019年11月号

2020年9月号

2019年6月号

この時の
メイクてって
言われても
多分無理[笑]!

2023年6月号

2020年4月号

2022年5月号

まだまだ
進化するよ★

2021年4月号

KIIRIPU VOICE

●どの写真を見ても私、最高!
唯一無二感がすごかった[笑]!
5年分がまとめて見れるって
成長も一緒に追えて良いね。
全部、顔が違うって飽きないで
しょ!もちろんメイクで変えて
るだけだからね☆

4年間いたegg 卒業（泣）!!
やっぱりeggは私の居場所 ♡
egg最高〜!!

「ゆうちゃみ」

YUUCHAMI

#profile

●2001年9月8日生まれ／21歳／A型／乙女座／身長 175cm、体重秘密♡／出身地 大阪府／好きな食べ物:焼肉・嫌いな食べ物:とうもろこし／趣味:サウナ／特技:ボディメイク／性格:元気、せっかち／口癖:しんどww、しぬww／将来の夢:スーパースター☆／あなたにとってeggとは?:他にない居場所

令和egg
5周年に一言!

おめでとうございます!
これからもeggが
盛り上がって欲しい!!

2023年6月号
『表紙』

Comment!

100質決まったとまから
ワクワクしてたなぁ〜
セルフヘアメイクでテンションアゲ
してたい!!

GAL♡

2022年5月号
『猪突猛進ーゆうちゃみ©に100の質問ー』

64

Comment!

ギャル巻きは10分でおわる!!
初めの時は30分でやってたw

2020年9月号
「"夏リゾ"BEAUTY」

Comment!

eggのとうじょうの時っ♡
今と全然ちがう!!
こーみたらあかぬけたかな?!w

ちょっとせいそギャル
もてて髪色くらしていい感じ!!

Comment!

Comment!

ギャル歴一番つよめや!!
この企画がちょースキ♡
つけま2枚で‥♡

2019年11月号
『うぢ'sヒストリーゆうちゃみ©』

#FASHION
ファッション

脚の長さは
生まれつき♡

脚魅せて
いこ♡

2020年9月号
2021年4月号
2020年4月号
2021年9月号
2023年6月号
2019年11月号

MY HISTORY

移り変わり
全部見せ!

2021年4月号

#MAKE
メイク

2021年9月号

2020年9月号

あ、全部
カワイイわ!

じゃじゃーん☆
カワイイ
ゆーなですww

2020年4月号

YUUCHAMI VOICE
●17歳から現在まで色んな
ゆーなに会えて楽しいな♡
eggで鍛えられたからか最近
はマインドが超絶ポジティブに
なった! 何もコワくない! もっと
もっと活躍してeggの名前広
めてくる〜♪

Comment!
もれてるってわけではないけど
なんかエモイ(?)かっこいいかんじに
うつってありと味をはケットし笑
モノクロふだんをないから
GALってかんじで"すきー!!

「聖菜」
SEINA

#profile

●2002年3月18日生まれ／21歳
／A型／うお座／身長 162cm、体
重44kg／出身地 神奈川県／好きな
食べ物:枝豆・嫌いな食べ物:貝類／趣
味:心理学／特技:模索中!／性格:大
雑把／口癖:それな。草。／将来の夢:
自分が認められる幸せ♡／あなたに
とってeggとは?:聖菜に青春と常識
を教えてくれた場所

2023年1月号
『ギャルの神ブランド7☆ WINTER STYLE 』

令和egg
5周年に一言!

今までありがとうございました♡
こうして大好きだったeggが
5周年を迎える時に聖菜も
卒業で5周年記念に携われて
とっても嬉しい! これからもeggが
大好き♡ 一生eggが一番~♪

71

Comment!

女の子3人での仲良しショット♡
自ギャルが有り〜♡
おなじ自ギャルでも、系統がちがくて
それもGoodでな本 ♪♪
お気に入り〜♡

2023年1月号
『ギャルの神ブランド7☆ WINTER STYLE』

2023年6月号
『COLOR Make&Hair』

Comment!
最後の雑誌のメイク企画♡
せいなが好きなふいんきで、撮影できて
お気に入りです!!
ちなみにピンクメイク♪

2022年5月号
『聖菜×まぁみママってどう!?』

Comment!
らぃとの自然なこのツーショットも
なんだか大変に入り♡
この日は、ピンクで合わせた♪
今見ると、らぃ幼いなぁ〜って感じる!!
きちょうな写真で大♡

Comment!
顔立くてなんか好き(笑)
思い出としてセレクトしました♪
水着ショットは気分が上がるねん♡
ピンクの水着も大気に入り‼

2021年9月号
『egg学園 ★夏合宿ツアー』

74

Comment!

ファッション企画のときの!!
ちょっとボーイッシュみたいなふんいきが
お気にいりポイント♡
こっち系もマソかも!!（笑）

2021年4月号
『GALの春色メイクはあざと可愛い♡
使い分け!! 』

Comment!

なつかしすぎるニョット !!
この頃はムチムチで今より
だ"ぶ幼い感じんがする (笑)
当時のさぇーは、このニョットを
みたときに大人ぽぃ♪って思ってた けど"
今はムちくかんじる (笑)

76

Comment!
卒業ヤット の時の♪
この時は、料Lモゲルで"ヘアメイクも
いつもとちがうかんじにしたの！！
ちょと強くなった気分でワクワクした♡
せゃうがねー!!!!♡

♥FASHION
ファッション

2023年1月号

2020年9月号

2020年4月号

めっちゃ
ギャル!
今もだけど
ww

ガーリーが
似合うって
気が
ついた♪

2022年5月号

2022年5月号

2020年4月号

2019年11月号

移り変わり 全部見せ! MY HISTORY

2021年9月号

♥MAKE
メイク

2020年9月

一生
あざと
カワイくね
♡

2023年6月号

2020年4月号

輪郭が
丸すぎて
草!!

2022年5月号

2021年4月号

SEINA VOICE
●写真を見てたらこんな時代もあったなって改めて色々1人で感動した(笑)。17歳〜21歳だから成長過程が激しくて見ててドキドキするかも! 懐かしい幼い聖菜もいて時代を感じる〜♡

Vol.07

2022年5月号
『egg2022 *THE SPRING』

もも、あいみ、なぎ★ egg卒業オメーツ★

●ラスト初期メンだった3人が全員卒業(涙)。スクランブルエッグでの早朝撮影も最後だと思うと感慨もひとしお!?

2022春GAL★ Daily MAKE & 仕上げコスメ+春 デビュー激変Hair

●学校やバイトで使える薄くちメイクにチャレンジしてみました!

きぃりぷ モノマネ3変化

●素晴らしいメイクテクで中島美嘉、土屋アンナ、倖田來未をきぃりぷ©が完全再現。

うち's ヒストリー みりちゃむ©

●クール&ビューティなみりちゃむ©の挫折から大復活まで総語り☆

猪突猛進−ゆうちゃみ©に 100の質問−

●スパイラル骨折もものともしないポジティブなゆうちゃみ©の100質★

さよなら赤荻編集長〜 4年間お疲れ様でした〜

●ギャルを愛しすぎてegg復刊まで漕ぎ着けた立役者、赤荻編集長。eggは永遠に不滅です!

集まれGAL 小学生★ 時代はついにGJS♡

●ギャルブームがついに小学生にまで!未来のeggモデル候補たちがいればGAL界は明るい(笑)。

egg真冬の スノボツアー

●初期メンが参加するのもこれが最後!? 大雪に見舞われたりと奇跡満載で思い出作りはバッチリ☆

卒業号もいっぱい出してもらえて幸せ♡ 最後って実感なかった!

Vol.08

2023年1月号
『egg'22-'23 WINTER』

季節ぶっ飛ばし〜!! 元気注入★沖縄Trip♫

●季節なんて関係ない(笑)! 新メンバーを引き連れて南国で元気注入☆ なんくるないさぁぁぁぁ♡

GAL'S WINTER MAKE '22-'23

●寒いのは苦手だけど、冬ってキラキラ☆ うるうるが映えるよね♡

#ゆうちゃみ#みりちゃむ#きぃりぷ#聖菜#まぁみ WINTER FASHION SHOW!! メイクもヘアもオール・マイセルフ♫

●正解は自分! 流行って何? 好きな格好して好きなメイクして自分が満足ならALL OK!

もも©、なぎ©、あいみ©とまた旅行できて嬉しかった♪

どんな自分も認めてもらえるeggって最高だよね☆

仲良し三姉妹が送る! 純欲!? サンタコス座談会

●仲良し三姉妹がエチエチなサンタさんになっちゃった♡ たまにはい〜でしょ♡

めろMIXX− あいめろ©に 100の質問−

●ソウルであるギャルとドストライクな量産型メンヘラどっちもカワイイ♡

うち's ヒストリー まなぺこ©

●やりたいことができたらすぐやっちゃう行動派! 人生一度きりですから!

NEWエッグ組!

●雨予報も若干1名の遅刻も吹き飛ばし(笑)、大自然を大満喫。なんとももも、なぎ、あいみのバイ先も参戦!

79

Vol.09

2023年6月号
『2023 SPRING』

卒業オメー☆
egg models graduation!!!

●りせり©、まぁみ©、ゆうちゃみ©、聖菜©の4名が卒業に(涙)。卒業してもみんなeggファミリーだからね★

COLOR
Make&Hair

●メイク初心者も即使える! この春注目のキラキラ★ラメ&立体メイク術。

NEXT TOKYO GIRRRRL!! MOMOA EVERYTHING WILL WORK OUT♡

●デビュー当時はJK1だったももあ©も19歳! 今後の活躍に期待しかない!

U-20☆遊園地ツアー♡ inよみうりランド

●青春=制服といっても過言ではない! ただでさえ楽しい遊園地は制服でさらにハッピーに!

NEW LIFE
−あいさ©に 100の質問−

●いつもニッコニコで怒った顔なんか見たことないあいさ©を質問攻め!

うち's ヒストリー
−おひな©−

●ちょっぴり遅めなギャルデビューもなんのそのなおひな©のミラクルストーリー☆

SWEET MEMORIES

最後まで盛り上がった〜! egg最強!!

●卒業メンバー4人を含めた神6で脅威の弾丸1泊、映えスポット巡りに千葉県奥地に行って来まーす♪

SCRAMBLE egg☆

●本物のギャルか見極めたいから(笑)、ギャル芸人エルフ荒川⑤をお呼び出し!

これで見納め!? **Part1**
−卒アル写真www−

こんな時代もあった〜!

●2019年11月号で好評を博した!?この企画。正直忘れてたでしょ!? 記念号の完全保存版だからこそってことで、掘り返して来ました♡

小学生	中学生	小学生	中学生

ぴと		ももあ	

小学生	中学生	小学生	中学生

もも		ゆうちゃみ	

小学生	中学生	小学生	中学生	小学生	中学生	小学生	中学生
あいみ		あやか		きぃりぶ		なぎ	

小学生	中学生	小学生	中学生	小学生	中学生	
						JK時代♡!?
まぁみ		みりちゃむ		ゆずは		

「みりちゃむ」
MIRICHAMU

令和egg
5周年に一言!

#profile

● 2002年7月10日生まれ／20歳
／AB型／かに座／身長 162cm、体
重42kg／出身地 栃木県生まれの埼
玉県育ち／好きな食べ物:生肉・嫌い
な食べ物:ひじき、光り物、パクチー、
レーズン、ごぼう、その他もろもろ／
趣味:バレーボール／特技:ネイル／
性格:うーん?／口癖:ない!／将来の
夢:考え中!／あなたにとってeggと
は?:学校みたいなもの。家族。

2022年5月号
『うち'sヒストリーみりちゃむ©』

雑誌復活前のweb雑誌の時代から
いるので5周年でeggの写真集を
出せるなんて凄く嬉しい!
10周年にも同じようなことが
できるように私も頑張るし、
後輩ちゃんたちも頑張って欲しいっ!!

2020年4月号
『egg SNOW PANIC!!!!』

2022年5月号
『FASHION PARTY 2022 SPRING』

2023年6月号
『COLOR Make&Hair』

MY HISTORY

#FASHION
ファッション

2022年5月号

2020年9月号

2023年1月号

2023年6月号

2021年4月号

2019年6月号

2019年11月号

ストグル
皆勤賞
かな!?

2020年4月号

#MAKE
メイク

2019年11月号

2019年6月号

−10kg
ダイエット
成功したの
♡

2020年4月号

2021年9月号

2021年9月号

2021年9月号

2023年6月号　2023年1月号

MIRICHAMU VOICE
●昔の写真がブスすぎてなんでこれでイケてると思ってたのかわかんなすぎて恥ずかしい(笑)。それも若気の至りってヤツ!? egg入りたてだから比べて見られるなんてレア中のレアだよ☆

MIRICHAMU'S HISTORY

84

2019年11月号
『なっとう巻ーゆずは©に
100の質問ー』

「ゆずは」

YUZUHA

#profile

●2002年11月22日生まれ／20歳
／O型／さそり座／身長160cm、体重
45kg／出身地 山梨県／好きな食べ物：
えび、生牡蠣・嫌いな食べ物：レバー、セロ
リ／趣味：散歩、音楽聴くこと ／特技：ピ
アノ／性格：めっちゃ温厚、良い奴、めん
どくさがり屋、適当、馬鹿、元気／口癖：逆
にね、じわ、ウケる／将来の夢：表紙と自
分のプロデュースページを作ること、マッ
サージなどのエステサロンを開く事／
あなたにとってeggとは？:居場所

令和egg
5周年に一言！

eggをいつも見てくれてる
みんなー♡eggを5年も
続かせてくれてギャルを愛して
くれてほんとありがとー♡
これからもよろしくね♡
ぎゃるさいこー♡

85

2023年1月号
「GAL'S WINTER MAKE '22-'23」

2023年1月号
『オトナなウチらをお裾分け♪ 振袖披露‼』

2020年4月号
「GAL'S NEW MAKE」

MY HISTORY

移り変わり全部見せ!

#FASHION

ファッション

2023年1月号

2020年9月号

2022年5月号

2019年6月号

2021年4月号   2020年4月号

2023年6月号

もう
迷わない
ww

2019年11月号

#MAKE

メイク

2020年4月号

ゆずは
うさぎゃる
だよね♪

2021年4月号

2019年6月号

2022年5月

2023年1月号

試してみたい
お年頃
だったの♡

YUZUHA VOICE

●元々は色んな系統のファッションを試すのが好きで日替わり弁当みたいに外見いつも違ったけど、eggに入ってから派手甘ギャルが通常運転になった(笑)♡ 前から良かったけど(笑)、マジで性格が鬼鬼良くなって平和主義になってポジティブになった! 礼儀とか教えてもらったのもegg! 笑顔でいることが増えた!

「ももあ」

MOMOA

令和egg
5周年に一言!

#profile

●2003年11月30日生まれ／19歳
／O型／いて座／身長 151cm、体
重 37kg／出身地 愛知県／好きな
食べ物:もずく、アイス・嫌いな食べ物:
トマト／趣味:ひとりで何も考えずダラ
ダラする事／特技:メイクで別人にな
る／性格:めんどくさがり／口癖:お腹
すいた／将来の夢:まだ分かんない!
／あなたにとってeggとは?:青春

egg5周年おめでとうございます☆
これからもっと最強の雑誌になれるように、
先輩からのバトンを最高な状態で次の世代に
渡せるように全力でがんばります!!

2023年6月号
『NEXT TOKYO GIRRRRL!! MOMOA
EVERYTHING WILL WORK OUT♡』

MY HISTORY

移り変わり
全部見せ!

#FASHION
ファッション

2019年11月号

2019年6月号

2020年4月号

デニム
めっちゃサイズ
ダウンした!

体型隠れる
ワンピに
逃げてた★

2021年4月号

2023年6月号

#MAKE
メイク

2019年6月号

常に現在が
最高の
状態に☆

2021年4月号

2019年11月号

MOMOA VOICE
●初期を見るとわかると思う
けどegg入るまでは白かった
(笑)。あと激太りして、ぼっちゃ
り〜ずに入って前より痩せれ
た!入ったのは悔しかったけど結
果オーライ!自分頑張ったなー!

2023年1月号

これで見納め!? Part 2
―パンスト&鼻フック―

●誰が誰だかわかるかな!? 12人全員います! わかったあなたは相当のeggファン♡ このページは流出禁止でお願いします♡ それにしてもみんなよくやってくれたよね〜感謝☆

2022年5月号
『さよなら赤荻編集長
〜4年間お疲れ様でした〜』

元編集の赤荻です!!
モデルじゃないのに卒業ページ作らせてもらった
egg愛のつまったカットです♡
いつまで経ってもギャルが1番かわいい。
そしてeggが最高っ!!!

「赤荻元編集長」

AKAOGI

令和egg
5周年に一言!

#profile

●1996年9月6日生まれ／26歳／
O型／おとめ座／身長 155cm、体
重48kg／出身地 埼玉県／好きな食
べ物:お鮨とラーメン・嫌いな食べ物:
まじでなし／趣味:旅行／特技:運動、
バラバラ／性格:ゆるい／口癖:まじ最
高っ!／将来の夢:海外でも色々チャレ
ンジするギャルママ／あなたにとって
eggとは?:原点でありfamily♥

egg5周年おめでとうございます!
あのバタバタと立ち上げた日から5年って
考えると長かったような短かったようなぁ…
5周年はまだまだ通過点だと思ってるのでeggが更に
盛り上がっていくことを元編集長として応援しています!
とりあえずeggは最高な居場所だし
ギャルは最強って改めて思いました♥

2020年9月号
『COLOR OF MOMO』 &
『リアル私服でOne Week SUMMER』の撮影中ww

egg5周年
おめでとう〜!!
10周年もよろしくネ☆

Happy! ANNIV

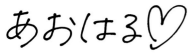

2023年6月19日 初版第一刷発行

著者:egg.com project
編集発行人:根津一也
発行・発売:株式会社大洋図書　〒101-0065 東京都千代田区西神田3-3-9　℡03-3263-2424(代)
企画協力:株式会社HJ(web egg編集部)　〒150-0002 東京都渋谷区渋谷1-22-1 CHビル2F
印刷・製本:大日本印刷株式会社

編集:鈴木千尋
model:ぴと、あやかてぃーん、もも、なぎ、あいみ、まぁみ、きぃいりぷ、ゆうちゃみ、聖菜、みりちゃむ、ゆずは、ももあ
photographer:山城昌俊、鈴木竜太、関口友義、新井章大
cover photo:関口友義
design:miamigraphixx
編集協力:播田貫真也、赤荻瞳(web egg編集部)

◎定価はカバーに表示してあります。
◎本書の内容の一部あるいは全てを無断で複写転載することは法律で禁じられています。
◎私的使用のいかなる電子的複製行為も一切認められておりません。
◎乱丁・落丁本につきましては送料弊社負担にてお取り替えいたします。

初出掲載『令和版 egg』2019年6月号〜2023年6月号
本書で掲載された主な画像は令和版egg(2019年6月号〜2023年6月号)で掲載した企画を、各モデル自身がセレクト直した画像です。※一部は撮り下ろし